Persuasión

Psicología Oscura

Técnicas secretas para influenciar en las personas usando el control mental, la manipulación y el engaño

Persuasión

Copyright 2020 por R.J. Anderson - Todos los derechos reservados.

El siguiente libro se reproduce con el objetivo de proporcionar información lo más precisa y fiable posible. Sin embargo, la compra de este Libro puede ser vista como un consentimiento al hecho de que tanto el editor como el autor de este libro no son de ninguna manera expertos en los temas tratados en él y que cualquier recomendación o sugerencia que se haga aquí es sólo para fines de entretenimiento. Los profesionales deben ser consultados según sea necesario antes de llevar a cabo cualquiera de las acciones aquí respaldadas.

Esta declaración es considerada justa y válida tanto por la Asociación Americana de Abogados como por el Comité de la Asociación de Editores y es legalmente vinculante en todo el territorio de los Estados Unidos.

Además, la transmisión, duplicación o reproducción de cualquiera de las siguientes obras, incluida la información específica, se considerará un acto ilegal, independientemente de que se realice electrónicamente o en forma impresa. Esto se extiende a la creación de una copia secundaria o terciaria de la obra o una copia registrada y sólo se permite con el consentimiento expreso y por escrito del Editor. Se reservan todos los derechos adicionales.

La información que figura en las siguientes páginas se considera en general una exposición veraz y exacta de los hechos y, como tal, toda falta de atención, utilización o uso indebido de la información en cuestión por parte del lector hará que las acciones resultantes queden exclusivamente bajo su competencia. No hay ningún escenario en el que el editor o el autor original de esta obra pueda ser considerado de alguna manera responsable de cualquier dificultad o daño que pueda ocurrirle después de emprender la información aquí descrita.

Además, la información que figura en las páginas siguientes tiene fines exclusivamente informativos y, por lo tanto, debe considerarse universal. Como corresponde a su naturaleza, se presenta sin garantía en cuanto a su validez prolongada o su calidad provisional. Las marcas comerciales que se mencionan se hacen sin consentimiento escrito y no pueden considerarse en modo alguno como una aprobación del titular de la marca.

Índice

Introducción 1

Capítulo 1: Consejos e información para sobresalir en la persuasión 3

Capítulo 2: Cómo utilizar la manipulación 13

Capítulo 3: Aprender la hipnosis y cómo usarla 20

Capítulo 4: Conoce los hechos sobre la programación neurolingüística 29

Capítulo 5: El arte del engaño 39

Capítulo 6: Explorando el concepto de los juegos mentales 47

Capítulo 7: Control mental indetectable 54

Capítulo 8: Influencia a través de la seducción 60

Capítulo 9: Lograr una óptima persuasión con la psicología subliminal 67

Conclusión 73

¡Gracias! 75

Persuasión

Introducción

Felicitaciones por la compra de este libro y gracias por haberlo adquirido.

En los siguientes capítulos se discutirá todo lo que necesitas saber para dominar el arte de la persuasión. Desde el primer capítulo, aprenderás cómo se usa la persuasión y lo que necesitas hacer para convertirte en una persona más persuasiva.

El capítulo dos te dará una visión completamente nueva de la manipulación. Verás cómo puedes usarla para beneficiarte en casi todas las áreas de tu vida. En el siguiente capítulo, aprenderás sobre la hipnosis. Es una técnica de persuasión que puedes aprender y utilizar a tu favor de forma regular.

A medida que avanzas en este libro, aprenderás sobre la PNL y el engaño. Ambos conceptos te harán mucho más fácil persuadir a los demás y a ver las cosas como tú lo haces.

A continuación vienen los juegos mentales y el control mental. Esto puede sonar como algo sacado de una película, pero la verdad es que se usan en la vida diaria regularmente. De hecho, has estado expuesto a ellos frecuentemente a lo largo de tu vida y es probable que ni siquiera te des cuenta. Saber cómo aprovechar y controlar estas habilidades te asegurará que consigas lo que quieres.

El libro concluye con capítulos sobre la seducción y la psicología subliminal. Una vez que domines estas técnicas de persuasión, encontrarás que es poco lo que no puedes hacer en tu vida.

Hay muchos libros sobre este tema en el mercado, ¡gracias de nuevo por elegir este! Se ha hecho todo lo posible para asegurar que esté lleno de tanta información útil como sea posible, por favor disfrútalo.

Capítulo 1: Consejos e información para sobresalir en la persuasión

La persuasión es realmente un tipo de arte. Tienes que trabajar duro y lo suficientemente fuerte para progresar, pero no tan fuerte como para parecer agresivo. Una vez que avances en tus habilidades de persuasión, serás capaz de lograr este equilibrio cada vez sin un esfuerzo intenso. En pocas palabras, con la práctica, serás una persona más persuasiva.

Hay varias técnicas que puedes usar para persuadir a los demás. Sólo tienes que analizar la situación y decidir cuál va a funcionar para conseguir lo que quieres. Conocer estas técnicas hace que sea mucho más fácil ponerlas en acción.

De pequeño a grande

Con esta técnica, necesitas a alguien que te haga un gran favor, pero esencialmente debes prepararlo primero. Inicialmente, pide un pequeño favor. Una vez que están de acuerdo con

Persuasión

esto, esencialmente se sienten comprometidos a hacer lo que necesitas. Luego, cuando llegas y pides el favor más grande, se sienten obligados a aceptarlo. Por ejemplo, has estado faltando a clase durante todo el semestre y necesitas notas por todo ello. Sin embargo, primero le pides a un compañero de clase sólo las notas más recientes de la clase. Una vez que están de acuerdo, vienes y pides los apuntes del semestre.

De grande a pequeño

Esto es básicamente lo contrario de lo expuesto anteriormente. Cuando necesitas que alguien te haga un pequeño favor y crees que no lo hará, hazlo a lo grande. Por ejemplo, necesitas que te presten 25 dólares, pero tu amigo tiende a decir "no" cuando le pides dinero. Empieza pidiendo 100 dólares. Ellos, como predijiste, dirán "no". Así que, entonces pregunta si puedes conseguir 25 dólares en su lugar. La probabilidad de que digan "sí" es mucho mayor con el número inferior, que es el número que realmente necesitas de todos modos.

Anclaje

Esta técnica específica puede ser utilizada en una gran cantidad de situaciones y es una manera poderosa de persuadir a otros una vez que la dominas. Esta técnica básicamente te hace comparar dos cosas entre sí para persuadir a alguien de que esté de acuerdo contigo haciéndole creer que está consiguiendo el mejor final del trato. Esta es una técnica de persuasión usada a menudo por los vendedores.

Por ejemplo, si vas a un lote de autos y ves un vehículo con un precio de 12.000 dólares. Hablas con el vendedor proponiendo hasta 9.500 dólares y piensas que tienes un trato fantástico. En realidad, el vehículo está valorado en 8.000 dólares, así que el concesionario ganó. Sin embargo, como aceptaron tu precio de negociación, sientes que el trato fue bueno. El vendedor te convenció de que el precio que pagaste era bueno.

Compromiso y consistencia

Es común que las personas alcancen ciertas creencias o acciones y luego se apeguen a ellas.

Persuasión

Por ejemplo, una vez que una persona elige un punto de vista político, tiende a adherirse a él. Puede usar esto para su ventaja. Haz que alguien haga un pequeño compromiso y siga adelante con él. Luego, inflúyelos para que empiecen a hacer más cosas por ti. Ese compromiso inicial desarrolla en ellos un comportamiento que los hace propensos a ayudarte. Esta es la consistencia.

Por ejemplo, necesitas a alguien que te consiga algunos comestibles, pero sabes que pedirlo directamente probablemente no te conseguirá un "sí". Así que, le facilitas la tarea haciendo que se comprometa con otra cosa primero. Podrías simplemente pedirle que te haga un favor. Es probable que esté de acuerdo con esto. Entonces, después de que esté de acuerdo, pídele que recoja lo que necesitas. La probabilidad de que diga "no" es baja. A partir de aquí, seguirías pidiendo cosas más grandes.

Prueba social

Este es un tipo de persuasión que se ve todos los días en las redes sociales. Alguien publica un meme, por ejemplo, que apoya un sesgo político específico. No es en absoluto cierto, pero la gente lo cree de todas formas. Esto se debe al fenómeno del pensamiento grupal y también se asocia con la gente que naturalmente quiere complacer al grupo del que forman parte. Naturalmente, ellos sólo van con lo que el grupo quiere para no ser expulsados.

También puedes usar este método de persuasión a tu favor. Por ejemplo, recuerda cuando eras un adolescente. Una vez que un amigo del grupo empezó a fumar, todos lo probaron. Hay una presión de grupo que naturalmente persuade a la gente a hacer cosas que de otra manera no harían. Simplemente sé el primero de su grupo en hacer algo y convencerás al resto del grupo de que te siga con poco esfuerzo.

Autoridad

Si puedes hacerte parecer autoritario, puedes hacer que la gente haga cosas por ti que de otra manera no harían. Sólo piensa en las cosas que la gente hace por el jefe en el trabajo y que odian

Persuasión

hacer. Sin embargo, las hacen de todos modos simplemente porque una persona con autoridad se los pidió. Esto es algo que se ve mucho en la publicidad. Por ejemplo, un anuncio de pasta de dientes te dice que la Asociación Dental Americana lo aprueba. Esto por sí solo hace que automáticamente confíes en la pasta de dientes y quieras usarla. Te convencieron de usar esta pasta de dientes basándose en una autoridad que la recomendaba.

Escasez

Cuando algo está en baja oferta, la gente tiende a quererlo más. Por ejemplo, Urban Decay lanza una nueva paleta de sombras de ojos para la Navidad de 2018. Aquellos que son fanáticos de la marca van a salir corriendo a comprarla sólo porque se dice que es de edición limitada. Incluso si no les importan los colores, sienten que lo necesitan de inmediato debido a que es una edición limitada.

En tu vida, puedes usar esto haciendo que tu tiempo parezca escaso, por ejemplo. Quieres pasar más tiempo con alguien, pero quieres que sea la persona que te lo pida. Así que, al limitarte en su vida, creas una necesidad de ti mismo. Esto convence al otro de que te llame y fijen un tiempo para reunirse.

Reciprocidad

Cuando alguien hace un favor, es natural sentir que le debes una. Esto es sólo un instinto humano natural. Si haces que una persona se sienta en deuda contigo, siempre la tienes disponible para hacer algo por ti. De hecho, puedes pedirle cualquier cosa y el instinto humano natural será que lo haga sin dudarlo.

Esto se ve a menudo con diferentes organizaciones cuando buscan donaciones. Ofrecen un pequeño regalo de algún tipo. Te ofrecen un pequeño regalo y ahora sientes que tienes que donar porque te acaban de dar algo.

Hablar en "Nosotros"

Parte de ser persuasivo es hacer que la gente sienta que no estás solo. Cuando trabajes para

Persuasión

persuadir a alguien, nunca uses "tú" cuando hables, sino siempre usa "nosotros". Sentirán que haciendo lo que les pidas, se están ayudando a sí mismos también. También les hace sentir que son parte de algo, lo cual es un gran factor de motivación cuando alguien va a hacer algo que normalmente no haría.

Funciona para los demás

Es más probable que la gente haga algo si parece popular. Por ejemplo, hace unos 10 años, la gente "plankeaba" y publicaba fotos en las redes sociales de que lo hacían simplemente porque era una tendencia. Puedes usar este instinto humano natural a tu favor. Cuando intentes persuadir a alguien para que haga algo por ti, asegúrate de decirle que mucha otra gente lo ha hecho. Casi se sienten desafiados a hacerlo también, ya que creerán que se les está dejando de lado si deciden no hacerlo.

Una vez que estés listo para empezar a persuadir a los demás, hay algunas otras cosas que debes hacer. Cuando miras a las personas más persuasivas que conoces, notarás algunos comportamientos comunes entre ellos. Estas conductas funcionan, y obtienen resultados. Estos incluyen:

- Se aseguran de conocer a su público antes de intentar persuadirlo.

- Se toman el tiempo de conectar con aquellos a los que intentan persuadir.

- Nunca son agresivos, pero se afirman con confianza.

- Tampoco son tímidos para expresar sus necesidades.

- Al hablar con los demás, su lenguaje corporal es siempre positivo.

- Una vez que discuten lo que quieren, son concisos y claros.

- Son genuinos y no son una persona falsa.

- Reconocen las opiniones de la persona a la que intentan persuadir.

Persuasión

- Esencialmente pintan un cuadro de lo que quieren para que la persona que están trabajando para persuadir pueda visualizar sus deseos.
- Saben qué preguntas hacer y cuándo hacerlas.
- La primera impresión que dejan es positiva y fuerte.
- Saben que obtener resultados es más importante que la urgencia.
- Son muy personalizados cuando hablan con los demás, dirigiéndose a ellos por su nombre.
- Siempre sonríen porque la gente es más receptiva a la sonrisa.
- Trabajan para complacer a la gente como una forma de hacer que se sientan en deuda.

Capítulo 2: Cómo utilizar la manipulación

La manipulación es una técnica utilizada por todos en algún momento de la vida. Si lo piensas, empiezas a aprender a manipular cuando eres un niño pequeño. Por ejemplo, empiezas a hacer tareas extras y una semana o dos después, pides un nuevo juguete. Tus padres se sienten obligados a dártelo ya que has ayudado mucho. Esta misma estrategia funciona también en la edad adulta. De hecho, hay numerosos beneficios financieros y emocionales que vienen con el uso adecuado de las diferentes técnicas de manipulación.

La manipulación juega esencialmente con las emociones de la gente. Sin embargo, para ser efectivo, necesitas ser capaz de hacer esto con éxito y ser capaz de leer a la gente. Hay varias técnicas que te permitirán hacer ambas cosas. Una vez que seas bueno en ambas, encontrarás mucho más fácil conseguir lo que quieres cada vez que necesites algo.

Persuasión

Miedo y alivio

Esta es una técnica de manipulación común que has usado en algún momento sin darte cuenta. Esto implica usar los miedos de otra persona para que haga algo por ti. Esencialmente causas algún tipo de miedo y lo dejas crecer. Una vez que la persona está llegando a la cima de su emoción, alivias ese miedo. En este punto, son vulnerables y es mucho más probable que hagan algo por ti.

Esta es una técnica que es utilizada por los empleadores de manera regular. Hacen parecer que una persona puede perder su trabajo, eventualmente le dan seguridad y luego le piden a ese empleado que haga algo. Por supuesto, el empleado lo hace porque siente que tiene que hacerlo para mantener su trabajo.

Leer el lenguaje corporal

Cuando se puede determinar el estado mental de una persona, es más fácil controlarlo. Claro, puedes preguntarles lo que están pensando, pero la mayoría de las veces no serán honestos. Sin embargo, no se puede fingir el lenguaje corporal.

Si puedes leer el lenguaje corporal, sabrás exactamente lo que una persona está pensando. Por ejemplo, estás tratando de persuadir a alguien para que te dé dinero. Sus palabras dicen "no", pero su lenguaje corporal muestra que los estás descomponiendo. Mientras puedas leer este lenguaje corporal, sabrás que puedes ir más allá y conseguir el dinero que necesitas.

Quieres ver cómo mantienen su postura, si están quietos o en movimiento y dónde miran cuando te hablan. Todo esto te dice exactamente lo que están pensando a pesar de lo que están diciendo.

Enfoque culpable

Esta es una técnica de manipulación que los humanos han estado usando entre ellos desde el principio de los tiempos. Cuando haces que una persona se sienta culpable por algo, la haces vulnerable, y las personas vulnerables son más fáciles de persuadir. Es mejor usar esta técnica en personas que conoces a nivel personal. Esto se debe a que puedes encontrar algo que sabes que inducirá algo de culpa. Esta técnica hace posible plantar lentamente tus deseos. Luego, cuando sugieres una idea, tienden a ir con la corriente a un nivel subconsciente.

Usa tu apariencia

Los humanos, lo admitan o no, tienden a ser superficiales en lo que se refiere a la apariencia. Esto es un hecho e incluso si reconoces este rasgo en ti mismo, no puedes evitarlo. Si tiendes a ser guapo según los estándares de la sociedad, es mucho más fácil persuadir a la gente para que haga cosas por ti.

Se hicieron varios estudios que analizaron esto. En los estudios, enviaban a personas que eran atractivas y poco atractivas, según los estándares de la sociedad. Ambos grupos de personas pedirían a los extraños pequeños favores, como pedir prestado un dólar para el transporte público o para usar su teléfono móvil. Aquellos que eran considerados atractivos tenían mucho más éxito en conseguir lo que querían, y lo conseguían simplemente por su apariencia exterior.

Sólo asegúrate de que cuando uses tu apariencia para persuadir, de presentar un paquete completo. Esto significa que debes usar lenguaje corporal inclusivo y confianza. Haz que la persona a la que intentas persuadir se sienta especial y comerá de tus manos.

Juega a ser la víctima

Esta es otra técnica de manipulación común que realmente funciona. Cuando te haces la víctima, esencialmente haces que la gente sienta lástima por ti. Cuando la gente se siente así, es un instinto humano natural querer corregir lo que hicieron para hacerte sentir mal. Cuando están en este estado vulnerable, esencialmente puedes hacer que hagan cualquier cosa. Ahora bien, esta técnica no funcionará en todas las personas. Tienes que elegir a aquellos que son naturalmente más vulnerables y menos duros. Las personas más fuertes normalmente no caerán en el acto de víctima, así que usa esta técnica sabiamente.

Persuasión

Aprovecharse de los sentimientos

Esta técnica puede funcionar con todas las personas, pero es más fácil con aquellos que ya son vulnerables emocionalmente. Con esta técnica, esencialmente haces que la gente se enamore de ti para conseguir que hagan lo que necesitas. Cuando una persona se enamora de alguien, es menos probable que tome decisiones racionales. En cambio, toman decisiones a nivel emocional. Cuando alguien piensa con sus emociones, es mucho más fácil de controlar.

Ahora, esta es ciertamente una técnica de manipulación más avanzada. Para usarla con éxito, primero tienes que controlar tus propios sentimientos y emociones. Esencialmente necesitas ser capaz de separarte y esto no funcionará bien en las personas por las que tienes sentimientos reales. Busca aquellos que necesitas en tu vida, pero aquellos que si se van, no te harán daño a nivel emocional. Por ejemplo, elige un compañero de trabajo que pueda hacer cosas por ti en el trabajo, para que no tengas que trabajar tan duro. Asegúrate de que tienes una amistad preexistente, pero no una tan profunda como para que te sientas emocionalmente conectado. Haz que se enamoren de ti y luego usa esto para tu beneficio.

Soborno

Esta es una de las técnicas de manipulación más antiguas del libro porque casi siempre es efectiva. Cuando alguien siente que está siendo recompensado por ayudarte, casi siempre va a ayudar.

Por ejemplo, no te apetece hacer el informe financiero en el trabajo. Encuentra a alguien que pueda hacerlo, entra en la conversación y ofrécele un almuerzo por hacer el informe. Asegúrate de tener confianza cuando preguntes, ya que es más difícil decir "no" a una persona que sonríe y tiene confianza en sí misma. Manten un tono neutral y asegúrate de seguir adelante con el soborno. Cuando esto funcione una vez, será mucho más fácil persuadir a esa persona en el futuro sin siquiera tener que sobornarla.

Capítulo 3: Aprender la hipnosis y cómo usarla

Has oído hablar de la hipnosis. Seguramente lo has visto en la televisión donde el hipnotizador le dice a la persona que se está durmiendo. Usualmente balancean algún tipo de péndulo frente a ellos y luego la persona se duerme, completamente bajo el control del hipnotizador. Aunque ocurre de forma un poco diferente en la vida real, el resultado final es el mismo. Una vez que eres capaz de hipnotizar con éxito a las personas, eres capaz de controlar lo que hacen y piensan.

Una vez que una persona está bajo hipnosis, puede hacer sugerencias. Por ejemplo, quieres que una persona te compre algo. Los hipnotizas y les sugieres que te lo compren. Una vez que salen de la hipnosis, es probable que te consigan lo que sugeriste en un futuro muy cercano.

Ahora, cuando se usa la hipnosis de esta manera, se debe hacer sin que la persona sepa que se la está usando. No balancearás un péndulo frente a su cara para inducir el estado de trance.

Etapas de la hipnosis

Hay cuatro etapas por las que toda la gente pasa cuando trabaja para llegar a su mente inconsciente:

- **Etapa uno:** Tienes que asegurarte de que tienes su atención total.
- **Etapa dos:** Tienes que llevarlos a un estado de cumplimiento.
- **Etapa tres:** Tienes que activar su respuesta inconsciente.
- **Paso cuatro:** Ahora están bajo tu control y sólo tienes que llevarlos al resultado que deseas.

Ser poderoso

Puedes crear un estado hipnótico para las personas simplemente ejerciendo poder sobre los demás. Mira cómo la gente es probable que

Persuasión

siga ciegamente a una persona que parece ser poderosa. Cuando haces esto, puedes conseguir que te sigany la gente que te sigue hará lo que digas porque quieren complacerte y permanecer en tu presencia.

Puedes usar esta técnica entre tus amigos, familia y compañeros de trabajo. Básicamente cualquier persona con la que tengas una relación preexistente. Debes ejercer tu poder a lo largo del tiempo para que no se sienta demasiado agresivo. Una vez que te des cuenta de que tienes seguidores, empieza con lo que estás pidiendo. Lo harán sin pensarlo dos veces. Con el tiempo, puedes pedir cosas más grandes y no tendrás problemas para conseguirlas.

Espejismo

Ahora, el enfoque poderoso funciona para la gente que conoces, pero ¿qué pasa con los extraños? Aquí es donde el espejismo entra en juego. Esto te permite desarrollar rápidamente una relación con alguien una vez que ven que ambos tienen a alguien en común. Esto casi puede ponerlos en trance porque naturalmente les gustarás y querrán complacerte ya que percibirán que ambos son muy similares.

Para utilizar con éxito esta técnica, presta atención a las frases comunes y al lenguaje corporal del desconocido. Mira sus comportamientos. Has estas cosas de vuelta a ellos. A medida que continúes la interacción con ellos, no tardarán en notar las similitudes. Ni siquiera tienes que mentir sobre las cosas que tienen en común. El simple hecho de reflejar su lenguaje y sus comportamientos es suficiente para hechizarlos, per se.

Historias de uso

Las historias correctas pueden poner a la gente en un estado de trance. Piensa en cuando eras un niño y tus padres te leían cuentos antes de dormir. Esto induciría un profundo estado de relajación. Lo mismo ocurre cuando eres adulto.

Mientras hablas con la gente cada día, añade algunas anécdotas. Esto te muestra en un nivel más personal y puede incluso darte un sentido de

Persuasión

poder y autoridad. Quieres que la gente sea capaz de visualizar lo que estás diciendo, así que usa imágenes cuando cuentes tu historia.

Por ejemplo, quieres que una persona mueva algo que se pueda romper por ti porque no quieres correr el riesgo. No le pidas que lo mueva con cuidado. Di que no quieres que el jarrón se caiga porque puede romperse. Visualizarán el jarrón rompiéndose, obligándoles no sólo a ser cuidadosos al moverlo, sino que se ofrecerán a hacerlo. Casi verán que completar la tarea con éxito es un tipo de desafío personal.

Discursos largos

Cuando se quiere inducir la hipnosis a un grupo grande, los discursos largos son la forma de hacerlo. Piensa en los evangelistas de la televisión que has visto. Esencialmente usan esta forma de hipnosis para que la gente entregue miles de dólares cada vez que celebran un servicio.

Cuando están dando su discurso, hacen pocas pausas. Usan tonos de voz variados para anunciar puntos y mantener a la gente completamente absorta en lo que están diciendo. Saben cuál es su mensaje, y lo repiten frecuentemente. Sin embargo, a menudo lo hacen usando diferentes frases, para que nadie en la audiencia sienta que algo les está siendo impuesto.

No es raro que te digan exactamente qué hacer sin decirte directamente que lo hagas. Cuando estás en este tipo de situación, estás tan enamorado del orador, que harás casi todo lo que te pidan. Siempre presentan su largo discurso y luego simplemente pasan la canasta de la recolección. No te piden que dones porque saben que lo harás porque te sientes entregado a ellos.

Esta es una técnica que también puedes usar. Tampoco necesitas un auditorio para ello. Si necesitas algo de una persona, o un grupo de personas, planea un discurso. Asegúrate de que aquellos a los que estás hablando se sientan capacitados a lo largo del discurso. Cuando llegues al final, ya habrás implantado subconscientemente en sus mentes lo que

Persuasión

quieres. No necesitarás pedirlo. Simplemente lo conseguirás.

Por ejemplo, quieres que la gente invierta en tu nueva idea de negocio. Dales un discurso sobre el negocio, sobre cuánto significaría para ti empezar y luego inserta una historia triste sobre cómo este es tu sueño, pero financieramente, no puedes cambiarlo. Después de escuchar tu dramático discurso, se sentirán obligados a invertir.

Abrumar

Esta es una técnica hipnótica que funciona porque esencialmente abruma a la gente con la que hablas. Con esta técnica, esencialmente bombardeas a la gente con información. Están aprendiendo tantas cosas nuevas que no tienen tiempo para analizarlas. No sienten la necesidad de comprobar los hechos porque estás hablando con tanta autoridad que automáticamente creen lo que estás diciendo. Para cuando terminas tus pensamientos, esencialmente los has puesto en trance.

Están completamente abrumados e indefensos en este punto. Así que puedes decirles cualquier cosa ahora y ellos lo creerán. Aquí es cuando intervienes y usas su estado de trance para tu beneficio. No pides directamente algo. En este punto, sólo necesitas hacer una mera sugerencia y obtendrás lo que quieres.

Pistas con los ojos

En un capítulo anterior aprendiste lo importante que es el lenguaje corporal cuando buscas persuadir a alguien para que haga algo. Lo mismo ocurre cuando se busca inducir un estado de hipnosis. Puedes mirar a los ojos de una persona y ser capaz de identificar si alguien está esencialmente bajo tu hechizo. También puedes usar tus ojos para hacerlo.

Cuando busques hipnotizar, mira dónde están sus ojos. Si están directamente enfocados en ti, sabes que tienes su atención completa y puedes empezar a implantar ideas y sugerencias en el subconsciente.

Persuasión

Lectura en frío

Esto es algo que los psíquicos usan para convencer a la gente de que pueden leer su mente y predecir su futuro. Empezarás por hacer una declaración vaga. Por ejemplo, si sabes que una persona es tímida, dirás esto. Sabes que es verdad y lo elaborarán, dándote más información. Usarás esta información adicional para hacer esencialmente otras predicciones. Una vez que una persona siente que tienes esta habilidad casi clarividente, es más propensa a creer cualquier cosa que le digas.

Capítulo 4: Conoce los hechos sobre la programación neurolingüística

La programación neurolingüística (PNL) utiliza una combinación de lenguaje, neurología y programación. Es esencialmente una escuela de pensamiento pragmático. Mirarás lo que hace la gente exitosa y luego lo usarás para lograr algo. En el caso de la persuasión, verás los comportamientos de las personas más persuasivas y comenzarás a adoptarlos.

Los elementos claves de esto incluyen la acción, el modelado y la comunicación efectiva. La premisa de la PNL es que si una persona puede entender cómo hizo algo, puede copiar su proceso y lograrlo también.

Esta técnica fue creada inicialmente para ayudar a la gente a encontrar el éxito en el mundo de los negocios. Sin embargo, desde sus inicios en la década de 1970, se ha adaptado para trabajar en una serie de campos, incluyendo la ayuda a la gente para ser más persuasiva.

Persuasión

Seguramente conoces a gente que es naturalmente más persuasiva que otros. También habrás visto en los medios de comunicación personas que pueden persuadir fácilmente a la gente a hacer cosas. Por supuesto, el marketing y la publicidad también utilizan la PNL para promover sus servicios y productos. Así que, ves esta técnica en acción diariamente. La gente toma lo que funciona y lo usa. Tan simple como eso.

Para que la PNL funcione para ti y tu capacidad de persuasión, tienes que saber qué es lo que hace la gente más persuasiva. Una vez que aprendas sobre los rasgos y técnicas que usan las personas persuasivas, todo lo que tienes que hacer es adoptarlas y modelarlas para poner a trabajar la PNL.

Modelos de PNL

Hay dos modelos primarios de PNL que hay que conocer. El Meta Modelo es un conjunto de patrones de lenguaje o preguntas específicas que funcionan para expandir y desafiar los límites del "mapa" del mundo de una persona. Esto puede ser usado para ayudar a una persona a decidir lo que quiere en última instancia, y le enseña qué preguntas hacer para aprender más sobre una situación o una persona.

El Modelo de Milton se basa en patrones de lenguaje y es un tipo de hipnoterapia. Los métodos de comunicación hipnótica de Milton Erickson se utilizan para este modelo. El propósito es mantener o inducir un trance, a través del uso del lenguaje, para contactar con los recursos ocultos de la personalidad. Te ayuda a construir una relación con alguien, cultivar la comunicación inconsciente y utilizar mejor las palabras que la persona con la que estás hablando entenderá y con las que te conectarás.

Rasgos de las personas persuasivas

No hay que nacer naturalmente persuasivo para tener éxito en ello. Una vez que sepas cuáles son los mejores rasgos para esto, será fácil empezar a adoptarlos. Una vez que los modeles con éxito, te darás cuenta de que es mucho más fácil conseguir lo que quieres. Los rasgos incluyen:

- **Escucha activa:** Seguramente has oído hablar de esto en cualquier clase o seminario de comunicación que hayas tomado. Cuando intentas persuadir a alguien para que haga algo, tiene que sentir que tienes su atención. Cuando se sienten especiales, per se, es mucho más fácil conseguir que hagan algo. Otro elemento de esto es que una vez que puedes entender de dónde viene una persona, es más fácil influenciarla.

- **Preguntas efectivas:** Cuando hablas con alguien, ¿estás haciendo las preguntas correctas para obtener la información necesaria para persuadirlo? Asegúrate de que tus preguntas sean abiertas y que pongan a la otra persona en primer lugar. Esto te da la oportunidad de aprender más sobre su personalidad y lo fácil que será persuadirlo. También debes hacer parecer que lo que estás pidiendo le beneficiará tanto a el como a ti. Haciendo las preguntas correctas hace más fácil ver lo que ellos ven como un beneficio.

- **Desinterés:** Recuerda que la persuasión es la mitad de ti y la mitad de la persona a la que intentas persuadir. Si pones toda la atención en ti, la otra persona ya no se siente especial y cuando este sentimiento desaparece, también lo hace tu control sobre ella. Debes pasar la mayor parte de la conversación en la otra persona. Entonces, puedes agregar fácilmente alguna información sobre cómo tu propuesta lo beneficiará. Al final de la conversación, una vez que pides algo, se les influye para que lo hagan.

- **Empatía:** Si alguien piensa que te importa, es más probable que te ayude con las cosas. Esta es otra manera de usar las emociones de la gente como una forma de persuadirlos para hacer algo. Aprendiste sobre lo poderosa que es esta técnica en un capítulo anterior. Para que seas eficaz en el uso de la empatía, asegúrate de que sea genuina o de lo contrario te puede salir el tiro por la culata.

- **Positividad:** La gente se siente naturalmente atraída por las personas positivas. Cuando desprendes energía positiva, es infeccioso, y la gente quiere más de ella. Naturalmente harán lo que tú quieras sólo para estar en tu presencia positiva. Ves esto usado en las ventas todo el tiempo. Los vendedores que son positivos y optimistas son los más exitosos.

- **Confianza:** Es cierto que la gente va a responder más a una persona segura de sí misma. Esto es cierto incluso si su nivel de competencia es bajo. Cuando tienes confianza en ti mismo, puedes pedir cosas y conseguirlas sin tener que ser agresivo.

- **Compromiso:** Mientras parezcas dispuesto a comprometerte, es fácil conseguir lo que quieres. Debes elegir cuándo hacer esto. Por ejemplo, mantenerte firme en las grandes cosas, pero comprometerte en algo pequeño. El hecho de que te comprometiste en absoluto se quedará en la mente de la otra persona, haciéndolo más fácil de persuadir.

- **Autenticidad:** Mientras parezcas auténtico, la gente te escuchará y confiará en cada palabra que digas. Cuando alguien confía en ti, van a querer tu aprobación y obtenerla significa permitirte persuadirlos de hacer cosas.

Las principales técnicas de PNL de las personas persuasivas

Todas las técnicas que serán discutidas aquí vienen de una perspectiva de PNL y por eso son tan efectivas. Estas incluyen:

- **Comandos incorporados:** Cuando haces imposible decir "no" sin dejar de ser educado, puedes convencer a la gente de que haga lo que tú quieras cada vez que quieras. Por ejemplo, no le preguntes a una persona si quiere ir a cenar. Pregúntales a dónde quieres ir. Con la primera pregunta, puede decir "no", pero con la segunda, siente que quieres su opinión, así que se siente obligado a cenar contigo.

- **Restricción de elección:** Quieres restringir la elección sin que sea obvio que lo estás haciendo. Por ejemplo, en lugar de preguntarle a una persona el tipo de vino que le gustaría, pregúntale "¿tinto o blanco?". La segunda pregunta los restringirá a blanco o tinto. Entonces, al final podrás elegir el vino basado en el color que ellos eligieron. No se darán cuenta de que esencialmente los persuadiste para que te permitieran elegir el vino que los dos van a beber.

- **Podría, pero no:** Esta es una técnica que sin duda has utilizado en el pasado y probablemente también se ha utilizado contigo. Un ejemplo sería decir algo como "Puedo conducir si quieres". En este punto, estás diciendo que puedes conducir, pero la última parte de la frase abre la puerta para que la otra persona se ofrezca como voluntaria porque realmente no quieres conducir. En la mayoría de los casos, la otra persona se ofrecerá a conducir sin darse cuenta de que querías exactamente ese resultado.

- **"Y si" vs "pero":** No tienes ni idea de lo poderoso que puede ser un "pero" hasta que empiezas a mejorar tus habilidades de persuasión. Esta palabra puede cambiar fácilmente las opiniones y puedes usarla completamente a tu favor. Por ejemplo, si quieres que alguien te lleve a algún lugar, pero estás cansado, podrías enmarcarlo de la siguiente manera: "Sé que estás cansado pero ir a esta película será muy divertido y todo el mundo la ha visto." La segunda parte de la frase después del "pero" les hace sentir obligados ya que la película es moderna y divertida.

- **Lo que realmente quieren:** No sólo es un tipo de técnica de persuasión de PNL, sino también una forma de hipnotismo. Asegúrate de que cuando preguntes lo que una persona quiere, hagas que se abra.

Por ejemplo, pregunta qué auto querría si el dinero no fuera un factor. Puedes usar este mismo enfoque para casi todo. Una vez que tengas sus verdaderas necesidades y deseos, puedes usarlos a tu favor para persuadir a la otra persona a hacer algo. Por ejemplo, si quieres tomarte unas vacaciones con tu pareja, pregúntale dónde iría si no hubiera restricciones. Una vez que responda, usa esto para presentar tu idea.

Capítulo 5: El arte del engaño

Cuando escuchas la palabra "engaño" es automático pensar en ella en un contexto negativo. Sin embargo, es una técnica que la gente usa diariamente por todo tipo de razones. Una forma común de engaño son las mentiras blancas. Por ejemplo, tu amigo pregunta si su ropa se ve bien. No te parece que sea así, pero le dices "sí" para que se sienta bien. Lo has engañado, pero al mismo tiempo, lo has hecho para bien. Hay varias técnicas de engaño que puedes usar para mejorar tu capacidad de persuasión.

Mentiras

La gente miente por varias razones. De hecho, todos los humanos mienten sobre algo una vez al día. Esta podría ser la mentira blanca, como el ejemplo anterior, o mentiras más oscuras y sustanciales. Independientemente del razonamiento, saber mentir te permite engañar sin ser atrapado. Lo siguiente es lo que necesitas

Persuasión

hacer para mentir de manera efectiva y sin ser detectado:

- Asegúrate de que tienes una buena razón para mentir.
- No esperes a que te obliguen a mentir para hacerlo, en su lugar, sienta las bases.
- Usa un enfoque engañoso cuando digas la verdad.
- Cuando declares tus hechos, ya sean verdaderos o falsos, asegúrate de mantenerlos claros.
- Conoce a la persona a la que le estás mintiendo y lee su lenguaje corporal.
- Asegúrate de que te concentras en lo que dices o la persona a la que le mientes puede pillarte fácilmente en tu mentira.
- Añade algo de presión si crees que la persona a la que estás mintiendo empieza a sospechar.
- Asegúrate de que tu propio lenguaje corporal está bajo control y que no tartamudeas, te inquietas o rompes el

contacto visual, ya que son signos reveladores de que estás mintiendo.

- Asegúrate de tener un contraataque en mente si te atrapan.
- No tengas miedo de negociar para escapar de las consecuencias si te atrapan.

Recuerda que cuando estás mintiendo, básicamente estás dando información falsa para conseguir algo que quieres. Si todavía estás trabajando para mejorar tus habilidades de persuasión, es una buena idea practicar tus mentiras antes de contarlas. Sólo asegúrate de que no parezcan ensayadas cuando las estés recitando. Utiliza todos los consejos anteriores cuando te estés preparando para ello. Sin embargo, el elemento más importante es que parezcas auténtico y que pongas en primer lugar a la persona a la que le estás mintiendo.

Equivocaciones

Este es un tipo de falacia informal que puede ser muy beneficioso cuando se trata de persuadir a

Persuasión

otras personas. Para utilizar esta técnica, se utilizarán declaraciones ambiguas, indirectas y contradictorias para hacer que una persona crea algo que no es cierto. Por ejemplo, si alguien te cocina la cena y te pregunta si te ha gustado, le dices que es la mejor de todas, aunque tenga un sabor horrible.

Otro ejemplo sería decir que una pluma es de peso ligero y que la luz hace ver que no es oscura. Entonces, la conclusión basada en esta técnica sería que todas las plumas son ligeras y nunca pueden ser oscuras. Claramente, esto no es cierto. Las plumas pueden tener una amplia gama de colores, pero la forma en que se enmarca esta afirmación da a la gente poco espacio para discutir. Una vez que se ha construido la confianza con ellos, es probable que sólo crean que las plumas no pueden ser oscuras.

Ocultaciones

Esta forma de engaño implica no dar información que sea realmente relevante o importante. También puede implicar ocultar información importante mediante comportamientos específicos. Por ejemplo, cuando llegas a casa y tu cónyuge te pregunta cómo te fue en el día. Menciona que fuiste al trabajo y que estuvo bien, pero omite la parte en la que te reuniste con un ex y almorzaron juntos. Así que, con esta técnica, básicamente no estás mintiendo a alguien. En vez de eso, sólo estás diciendo parte de la verdad.

Exageraciones

Dices la verdad cuando exageras, pero la estiras, así que ya no es completamente cierto. Por ejemplo, estás solicitando un trabajo en desarrollo de software. Te preguntan si has trabajado con software. Dices "sí" porque usaste Microsoft Word en la universidad. Esto es cierto. Has usado ese software, pero estás exagerando la experiencia que tienes en el uso de software.

Declaraciones incompletas

Esta técnica de engaño implica restarle importancia o minimizar partes de la verdad. Por

Persuasión

ejemplo, fuiste a una gran fiesta con amigos y te comprometiste a beber. Sin embargo, cuando tus padres te preguntan cómo te fue el viernes por la noche, les dices que te reuniste con tus amigos más cercanos. Técnicamente no estás mintiendo porque una fiesta es un tipo de reunión. Simplemente estás minimizando el alcance de lo que realmente sucedió.

Asegurarse de no ser atrapado

Cuando se trata de ser hábil con el engaño, el elemento más importante es no ser atrapado. Conocer a la persona a la que intentas engañar es la parte más importante de esto. Sin embargo, esto no siempre es posible ya que a veces tienes que engañar a extraños para conseguir lo que quieres. Debes estudiar los signos del engaño. Una vez que sepas cuáles son, puedes trabajar para asegurarte de que no vas a exhibirlos cuando trabajas para engañar. Estos signos reveladores de engaño incluyen:

- No usar ninguna auto-referencia. Cuando una persona intenta engañar, es común retirarse de la situación. Por ejemplo, en lugar de decir que autorizaste un envío, sólo dirás que fue autorizado sin usar el "Yo" en la declaración. Debes omitir el "Yo" y la autorreferencia para hacer más creíble tu engaño

- Usar el tiempo actual para los eventos pasados. Es importante que siempre uses el tiempo verbal adecuado para asegurarte de que lo que estás diciendo es algo que parece verdadero.

- Usar preguntas para responder a las preguntas. Ya sea que seas honesto o no, necesitas ofrecer respuestas directas para todo. Las preguntas son una forma de desviación y la gente se dará cuenta de esto.

- Ser impreciso. Los que intentan engañar tienden a ser imprecisos cuando discuten un tema. Si das respuestas directas, es más probable que te crean.

- Ofrecer juramentos. Son cosas como "por mi honor" o "lo juro" al hacer una declaración. Esta es una de las mayores señales de que una persona está siendo mentirosa. Asegúrate de eliminar los juramentos de tus declaraciones y ser claro y directo. Estos juramentos no aumentan la veracidad de lo que están diciendo.

- Aludir a las acciones. Esto es algo que la gente hace cuando no quiere ser dueña de algo. Cuando usas esta técnica, le dice a la gente que tienes algo que esconder. Sé directo y claro, incluso si lo que dices no es la verdad.

- Usar eufemismos. Seguramente has visto esto en acción cuando te enteraste de que alguien intentaba engañarte. Por ejemplo, en lugar de admitir que robó algo, dice que lo tomó prestado.

- No dar ningún detalle. Es imperativo que uses el balance correcto de detalles cuando intentes engañar a alguien. Si no lo haces, esto le dirá a la persona que no estás siendo sincero.

Capítulo 6: Explorando el concepto de los juegos mentales

Has oído hablar de los juegos mentales. Seguramente ya los ha jugado antes y han jugado contigo. Puedes usar los juegos mentales como una herramienta de persuasión efectiva cuando sabes qué hacer y cuándo hacerlo. Hay numerosas técnicas que son efectivas, y no son tan difíciles de aprender. Esto significa que una vez que sabes cuáles son, puedes empezar a utilizar los juegos mentales de inmediato para empezar a obtener lo que quieres.

Pateame

Esto probablemente te recuerda a ese juego de cuando eras niño donde ponías un letrero en la espalda de alguien que decía "patéame". Esto es similar. Quieres hacerte ver como alguien que merece compasión. Una vez que recibes lástima de alguien, es más fácil conseguir que haga lo que tú quieres. Puedes usar esto para cualquier cosa en la vida, desde conseguir que alguien te

Persuasión

permita disculparte hasta conseguir que un jefe te dé un ascenso una vez que seas realmente bueno en ello.

Ahora que te tengo

Este es un juego que usarás cuando quieras mostrarle a una persona que estás ganando. También puedes usarlo cuando estés enfadado y quieras justificarte. Por ejemplo, tu amigo tuvo una fiesta, pero no te invitó. Así que decides organizar una fiesta el fin de semana siguiente con la intención de no invitarlo. Este juego básicamente te hace trabajar con otra persona para que se rinda y te dé lo que quieres.

Me hiciste hacerlo

Este es otro juego que usaste durante la infancia y probablemente ni siquiera te diste cuenta en ese momento de que era un tipo de juego mental. Este es un juego que funciona para hacer que otra persona se sienta culpable mientras que al mismo tiempo te absuelve de cualquier responsabilidad por tus acciones. Por ejemplo, quieres que te dejen en paz. Sin embargo, alguien entra en la habitación para hacerte una pregunta. Como resultado, te asustas y dejas caer tu bebida. Le dices a esa persona que te hizo caer tu bebida.

Si no fuera por ti

Este es otro juego mental que se usa para absolverse de cualquier culpa por algo que puedas haber hecho. Con este tipo de juego, esencialmente creas un escenario que te permite dar la culpa a alguien. Esto te da una serie de ventajas. Cuando una persona se siente culpable por algo, es más vulnerable a la sugestión. Por ejemplo, no puedes ir a trabajar por cualquier razón. Encuentras una manera de culpar a tu cónyuge por esto y hacer que se sienta culpable. Como resultado, eres capaz de coaccionar a tu cónyuge para que te prepare una comida o te compre algo.

Dejar que ambos luchen

El propósito de este juego mental es compartir la culpa, controlar a otras personas e incluso

Persuasión

hacerte parecer un buen amigo. En la mayoría de los casos, este es un juego mental al que juegan las mujeres, pero se está volviendo más común entre los hombres. Por ejemplo, una persona sabe que dos personas se sienten atraídas por ellos. Esta persona entonces habla con ambas partes interesadas para que peleen entre ellas para básicamente ganar su corazón. Esto es básicamente un tipo de acción, sin embargo, al final del juego, ambas partes interesadas suelen quedarse sin nadie.

RAPO

Este juego mental puede ser un gran estímulo para el ego, dar una sensación de satisfacción y aumentar lo deseable que te ves a ti mismo. Es un tipo de juego social en el que esencialmente convences a una persona de que te persiga. Los convences de una manera que no es obvia para ellos, así que ni siquiera saben lo que está pasando. La forma en que eliges convencerlos es flexible y realmente depende de tus preferencias y lo que se necesita para entrar en el subconsciente de la persona que estás buscando atraer. Lo bueno de este juego es que generalmente no toma mucho tiempo ponerlo en práctica.

Perversión

El propósito de este juego es evitar la responsabilidad y ganar simpatía. Básicamente, este juego mental se usa para seducir a otra persona. Haces que se sientan culpables si no satisfacen tus necesidades románticas. Hablas de una mala relación pasada, ya sea real o no, para primero obtener simpatía de ellos. Luego, una vez que esencialmente se ablandan a la idea de satisfacer tus deseos, entras y tomas lo que quieres. Si aún se resisten, haces que se sientan culpables de conseguir lo que quieres.

Soy genial

Este juego mejora tu identidad, capital social, atención y ego. Haces algo para mostrarle a alguien en qué eres genial y quieres que el mundo entero sepa que eres genial en esta cosa específica. Manipulas la situación para asegurarte de que alguien aprenda sobre tu

Persuasión

habilidad. Consigues la atención de ellos y que se lo dicen a los demás. Antes de que te des cuenta, tu habilidad o talento se está esparciendo y mucha gente viene a ti para hacerte un cumplido.

Pierna de madera

Este es un juego que la gente juega por simpatía, como un alegato de locura o para evitar la responsabilidad. Probablemente han escuchado el dicho de que no se puede esperar mucho de una persona que tiene una pierna de madera. Este juego se basa en este dicho. Básicamente, usas una deficiencia o discapacidad percibida para ganar simpatía y hacer que tus acciones parezcan justificadas. Por ejemplo, acabas de engañar a tu cónyuge y él o ella se enteró. Dirías algo como, "bueno, mis padres tuvieron un mal matrimonio, así que, ¿qué esperas de mí?". Entonces empiezan a darte simpatía y te absuelven de tu culpa.

La doble petición

Este es un juego mental común entre aquellos que quieren algo grande pero saben que no lo obtendrán tan sólo pidiéndolo. Por ejemplo, pides un reloj nuevo y caro, pero realmente quieres una chaqueta nueva que tiende a ser menos cara. Mencionas ambos artículos, pero haces parecer que el reloj es lo que realmente deseas. Al final, el amigo con el que hablas recuerda que la chaqueta era más barata y también algo que querías, así que la compran. Terminas consiguiendo la chaqueta que querías desde el principio.

Eres una buena persona

Este es un juego mental común para jugar cuando quieres sacar algo de alguien que normalmente no se le pide. Cuando comienzas la conversación diciéndole que es una buena persona, está recibiendo reconocimiento y un aumento de su ego de tu parte. Esto ya los suaviza y los hace más propensos a darte exactamente lo que quieres. Una vez que veas que su lenguaje corporal es más suave o incluso sólo neutral, debes entrar y pedir lo que quieres.

Capítulo 7: Control mental indetectable

La verdad puede ser un destructor de ilusiones. Por eso puede ser difícil de escuchar, y puedes usar este hecho para tu beneficio. Has oído hablar de la ley de la atracción. Si la piensas, la atraes. Esa es la premisa básica. Ahora bien, si esto funciona o no permanece invisible, pero puedes modificar esta táctica para que funcione para ti y tu capacidad de persuadir a los demás.

El primer paso es asegurarse de que tienes el control total de tu mente. Esto te permite pensar de manera eficiente y obtener una mayor comprensión de cómo funciona la mente humana. Es imperativo que entiendas esto antes de que puedas controlar la mente de otra persona sin ser detectado. Los siguientes consejos te ayudarán a ganar control primero sobre tu propia mente:

- Ocúpate de los problemas de tu mente y arréglalos.

- Entra en el control de tu mente con un plan.
- Cuando trabaje en esto, manten la calma porque con ello te aseguras una mente abierta.
- Aún así ten respuestas viscerales.
- Relaja tus músculos.
- Utiliza los ejercicios de respiración y la meditación para profundizar en tu propia mente.
- Sentir los síntomas físicos que vienen con tus pensamientos.
- Evalúa todos tus pensamientos por una fuente y una razón.

Una vez que hagas esto, sabrás lo que significan todos tus pensamientos, y podrás controlarlos. Una vez que domines el control de tu propia mente, serás capaz de pasar sin problemas a controlar las mentes de los demás sin ser detectado.

Persuasión

El control mental en la sociedad

Ves el control mental todos los días e incluso has sido víctima de él. La mayoría se utiliza en publicidad y marketing. Por ejemplo, ves un comercial de televisión que realmente captura tu atención. El producto no es uno que necesites absolutamente, pero el comercial capturó tu mente y esencialmente te dijo a un nivel subconsciente que necesitas el producto. Así que vas y lo compras. No tenías idea de que tu mente estaba siendo controlada. De hecho, probablemente no te diste cuenta hasta que leíste esta sección ahora mismo.

Cuando domines el control mental indetectable, esencialmente te comercializarás a ti mismo. El resultado final no será que otros te compren sino que te den lo que quieres.

Técnicas de control mental indetectables

Hay varias técnicas que se utilizan cuando se trabaja para controlar la mente de los demás. Todas ellas son relativamente sencillas de implementar una vez que hayas ganado el control sobre tu propia mente. Las siguientes son técnicas de control mental efectivas e indetectables para aprender:

- **Piensa por ellos:** Cuando necesites algo de alguien, no le des la oportunidad de pensarlo. Díles lo que están pensando y lo que van a hacer. La gente está naturalmente ocupada y si les pides que consideren algo, es probable que lo olviden o no lo piensen lo suficiente como para darte el resultado deseado. Cuando les ayudas a no tener que pensar, lo ven como si les estuvieras ayudando, lo que hace más probable que te den lo que quieres.

- **Pide de a poco:** Cuando se evalúa la facilidad de control de una persona, se deben dar pasos de bebé para que nunca se den cuenta de lo que se está haciendo. Así que, empieza con cosas pequeñas primero, como pedirles que te compren una bebida o hacer que te lleven al cine. A partir de aquí, puedes persuadirles para que hagan cosas más grandes, como pagar una factura por ti o comprarte algo caro. Se trata de probar las aguas y esencialmente preparar tu objetivo.

- **Dar un poco también:** Si todo lo que haces es tomar, no importa cuán ingenua sea una persona, eventualmente se dará cuenta de lo que estás haciendo. Así que, en ocasiones, cómprales un trago, hazles un cumplido u ofréceles pagar por la película. Esto hace que la relación parezca equilibrada e igualada, pero lo que en realidad estás haciendo es asegurarte de que sigan estando disponibles para lo que necesites de ellos.

- **Inculcar el miedo:** Esto fue mencionado en un capítulo anterior, pero en realidad es increíblemente efectivo para el control mental indetectable. Esencialmente debes crear una situación que haga que la persona sienta miedo. Cuando la gente tiene miedo es más fácil de controlar y hacer sugerencias.

- **Inculcar la culpa:** Haz que la persona se sienta culpable y será masilla en tus manos. La clave aquí es aliviar su culpa y revertir los papeles tan perfectamente como sea posible. Esta es una gran técnica de control mental para aquellos que son más difíciles de romper con otros métodos. Una vez que haces que se sientan culpables por lo que perciben que es algo malo que te está pasando, actúa inmediatamente y haz sugerencias para conseguir lo que quieres de ellos ya que la culpa desaparece rápidamente cuando se induce de esta manera.

Capítulo 8: Influencia a través de la seducción

El objetivo de la seducción es hacer que alguien te quiera. El motivo suele ser hacer que alguien se sienta sexualmente atraído por ti. La seducción es una de las técnicas de persuasión más poderosas porque estás persuadiendo a alguien para que se entregue por completo a ti. Hay múltiples consejos y técnicas de seducción que puedes usar. No importa quién seas o quién es la persona que estás tratando de seducir, estos métodos funcionarán. Lo ideal es que no requieren mucha preparación, así que puedes empezar a usarlos ahora mismo.

Elije la persona adecuada

Puedes seducir a cualquiera, pero te esforzarás menos si eliges sabiamente. Busca a una persona que tienda a ser tímida y reservada. Tienden a ser más vulnerables y a necesitar la atención de una persona. Cuando empiezas a prestarle atención, es fácil seducirla para que pase al siguiente nivel.

Enviar señales mixtas

Esta es una técnica de seducción tan antigua como el tiempo. La gente se siente desafiada cuando recibe señales contradictorias. Un desafío automáticamente hace que una persona esté más interesada en ganar el premio, que en este caso eres tú.

Crear una necesidad

Llega a donde la persona que intentas seducir hazla sentir que te necesita. Puedes hacer que esta necesidad sea puramente sexual o hacerla más profunda que eso. Cuando creas una necesidad, se crea un sentimiento de descontento y ansiedad, ambos son más probables de hacer que una persona siga persiguiéndote.

Falsa sensación de seguridad

Cuando una persona se siente segura contigo, esto crea automáticamente un vínculo. Esto hace que sea más fácil persuadirlos para que te den lo

Persuasión

que quieres. Esta seguridad es falsa, pero para cuando se den cuenta, tendrás lo que has querido.

Házte deseable

A la gente no le gusta perder. No les gusta ver a otras personas con una persona que les interesa. Una vez que enganchas a alguien, debes obligarlo a verte con otras personas que también están interesadas en ti. Esto crea un malestar que lo obliga a hacer su movimiento porque temen perderte.

Crear la tentación

A nadie le gusta ser tentado por algo y luego no poder tenerlo. Esto es cierto para todo, desde la comida, hasta la carrera y las relaciones románticas. Cuando se tienta a la persona, pero luego se la detiene una vez que está al límite, esto esencialmente la vuelve loca. Cuando una persona está en este estado de ánimo, puedes conseguir lo que quieras.

Utiliza el suspenso

Debes darles algo de atención, pero no toda tu atención. Al igual que cuando creas la tentación, esto va a ponerlo en un estado hiper-competitivo. Tú vas a ser la única persona en la que piense. Sus pensamientos sobre ti se filtrarán en todos los elementos de su vida. Esto es lo que quieres, porque en esta etapa, tienes el control total.

Sé misterioso

La gente ama el misterio. Los atrae y quieren hacer todo lo que puedan para resolverlo. Cuando creas un misterio, naturalmente seducirás a aquellos que se vuelven curiosos. La clave está en dar alguna información, pero reteniendo los detalles más jugosos. El misterio puede ser sobre cualquier cosa realmente. Sin embargo, evita hablar de un ex, ya que esto puede tener el efecto contrario en alguien que estás tratando de seducir. Otras formas de añadir misterio incluyen un buen contacto visual, volver a poner la atención en ellos cuando hacen preguntas, sonreír mucho y hablar siempre en un tono neutral.

Persuasión

Hazte notar sutilmente

No debes hacer que sea obvio que estás tratando de llamar su atención. En vez de eso, debes hacer que parezca que destacas sólo por lo que eres. Por ejemplo, las mujeres pueden usar lápiz labial rojo porque no es raro, pero aún así las hace destacar. Los hombres pueden tener el mismo efecto con una corbata brillante o estampada. La clave es elegir un pequeño elemento que te haga destacar entre la multitud, que sea relativamente natural.

Utilizar las esencias

¿Sabías que el olor de una persona puede ser todo lo que se necesita para atraer a otra persona? Ahora bien, todas las personas tienen sus olores preferidos, por lo que es una buena idea conocer un poco sobre la persona y sus preferencias antes de usar esta técnica. La esencia tiene un tipo de influencia subconsciente. Le da a la gente información sobre otra persona sin que se den cuenta, por lo que es una de las formas más sutiles y efectivas de aumentar tu progreso en la seducción.

Ten en cuenta tus activos

La atracción física es obviamente un elemento importante cuando se trata de seducción. Sin embargo, no se debe presumir de todos los bienes porque esto puede tener un efecto negativo. Por ejemplo, los hombres con brazos fuertes pueden usar una camisa de manga corta. De esta manera, la persona que están tratando de seducir puede ver esto bien sin que sea demasiado obvio que están tratando de presumir. Las mujeres podrían usar un vestido de forma que le quede bien debajo de la rodilla y que cubra bien el pecho. En este caso, estás cubierta, pero la persona que estás tratando de seducir todavía puede ver su figura completa.

Confúndelos

Una vez que lo veas, dale toda tu atención, pero luego, sólo dales una atención parcial. Esta confusión hace que piensen en ti y te hace más misterioso y deseable. Sólo asegúrate de que hay un buen equilibrio aquí o de lo contrario podrías apagar a la otra persona.

Persuasión

Sé audaz

Una vez que estás listo para ir con todo, debess ser audaz. Ya los has enganchado en este punto y son tuyos para hacer lo que quieras. Por lo tanto, no hay razón para esperar a que hagan un movimiento. Sólo aprovecha el momento y haz saber lo que quieres.

Capítulo 9: Lograr una óptima persuasión con la psicología subliminal

Cuando puedes utilizar de forma experta las profundidades del subconsciente de una persona, tu control sobre ellas es fácil y vasto. La psicología subliminal es una de las formas más efectivas de hacerlo. Ahora, esta es una técnica avanzada, así que no esperes ser efectivo de la noche a la mañana, pero debes saber que con tiempo y dedicación, serás capaz de empezar a poner mensajes subliminales en las mentes de aquellos que te rodean. Una vez que puedas hacer esto, serás capaz de controlar lo que piensan y las acciones que toman. Esencialmente, te conviertes casi en un maestro titiritero para los que te rodean.

¿Qué es un mensaje subliminal?

Se trata de un tipo de mensaje o afirmación que se presenta de forma visual o auditiva y que se envía de una manera que está por debajo de lo que se considera normal para la percepción visual o auditiva humana. Por ejemplo, un disco puede sonar repetidamente, pero no se puede escuchar realmente con la mente consciente. Sin embargo, en lo profundo del subconsciente, estás escuchando y registrando completamente todo lo que está diciendo. En la mayoría de los casos, los mensajes utilizados están destinados a controlarte de alguna manera o a sugerirte que hagas algo.

Por ejemplo, los mensajes subliminales se utilizan comúnmente en el mundo actual para promover el abandono del tabaco o la pérdida de peso. En general, se escuchan cintas grabadas con un mensaje específico cuando se está durmiendo. Tu mente inconsciente recibe el mensaje, pero nunca lo escuchas como tu yo consciente. De cualquier manera, las investigaciones demuestran que puede ser una herramienta efectiva para cambiar las conductas de fumar o comer. Puedes utilizar una técnica similar para ayudar a cambiar la forma de pensar de las personas para hacerlas más vulnerables a los tipos de persuasión que prefieres utilizar.

Técnicas de mensajes subliminales

Esta es una forma efectiva de controlar tanto tu mente como la de los demás, pero puede ser un poco obvio cuando no se utilizan las técnicas adecuadamente. A medida que leas las técnicas primarias, presta mucha atención a la forma en que podrías presentarte a una persona. Esto es importante y, en última instancia, tu relación con la persona que estás tratando de controlar determinará cuál de estas técnicas funciona mejor.

Mensajes subliminales durante el sueño: Es una de las formas más comunes para usar este tipo de mensajes. La mayoría de la gente los usará para sí misma, pero también puede usarlos con la gente con la que vive. Por ejemplo, una vez que sepas que tu cónyuge está dormido, reproduce una grabación subliminal durante aproximadamente una hora. Esto es realmente todo lo que se necesita para transmitir tu mensaje.

Persuasión

Ahora, es imperativo que sepas con seguridad que está durmiendo o de lo contrario podrías hacer más daño que bien a tus esfuerzos de persuasión. Cuando crees tu grabación, usa una voz calmada y firme. Di exactamente lo que quieres que la persona haga. No uses palabras de relleno. Usa un máximo de 10 palabras y simplemente repítalas durante una hora. Luego, una vez que la persona esté durmiendo, reproduce la grabación a un volumen muy bajo cerca de su cabeza para que su mente inconsciente la escuche.

Destellos subliminales: No tardan tanto y al mismo tiempo no son tan arriesgados como el método anterior. Estos son un tipo de mensaje visual subliminal. Puedes crear los flashes para decir exactamente lo que quieres. Lo bueno de esta técnica es que el mensaje destella tan rápido que la mente consciente a menudo no ve lo que dice. Sólo el subconsciente es capaz de entenderlo y grabarlo. Así, eres capaz de obtener algún control sobre la mente de una persona sin que sepa lo que estás tratando de controlar.

A menos que la persona con la que quieras hacer esto sepa de psicología subliminal, puedes decirle que quieres mostrarle algo que has creado. Es mejor hacer esto en una computadora para que la pantalla sea lo suficientemente grande como para captar y mantener toda su atención durante los flashes.

Mensajes subliminales mezclados: Puedes insertar mensajes subliminales en la música o en los audiolibros que alguien escucha regularmente. Hay programas que pueden hacer esto, así que no tienes que ser un experto en tecnología para aprovechar este método. Al igual que con los mensajes subliminales durante el sueño, usarás una voz tranquila y estable. Debes hacer que los mensajes se mezclen con el audiolibro o la música sin ser detectados. Recuerda que la mente subconsciente lo captará incluso cuando no pueda escucharlo cuando esté despierto.

Sólo asegúrate de usar estos mensajes en algo que escuchen a diario, o casi a diario. Es importante que lo escuchen regularmente para tener el mayor control.

Notas subliminales: Este es el método más fácil, pero también el más sencillo de descubrir si no se tiene cuidado. Puedes poner mensajes dentro de los mensajes en toda tu casa. Por ejemplo, cuando estés creando la lista de la compra, añade algo más que desees, pero que normalmente no compras. Esto hace que la persona piense en ello cuando está leyendo la lista. Esto es ideal para cosas más pequeñas que quieres persuadir a alguien para que piense o haga. Por lo tanto, manténlo simple y usa este método periódicamente. A diferencia de los métodos anteriores, no es una buena idea usarlo todos los días.

Conclusión

Gracias por llegar hasta el final de este libro, espero que haya sido informativo y capaz de proporcionarte todas las herramientas que necesitas para alcanzar tus objetivos, sean cuales sean.

El siguiente paso es sentarte y evaluar tus habilidades de persuasión. Una vez que sepas dónde estás con tus habilidades, será mucho más fácil asegurarte de que eres capaz de llevar rápidamente tus habilidades al nivel deseado. ¿En qué capítulos de este libro necesitas trabajar más para asegurarte de que eres lo más persuasivo posible? Realiza algunas notas y vuelve a los capítulos en los que necesitas mejorar. Utiliza los consejos y la información para asegurarte de que estás obteniendo más de lo que quieres.

A medida que lees los capítulos, puedes ver lo poderosa que es la persuasión. También pudiste ver cómo te persuaden para tomar ciertas decisiones sin siquiera darte cuenta. Cuando

Persuasión

dominas el arte de la persuasión, puedes ser la persona que persuade a otros sin que se den cuenta.

¿Sientes que mereces un ascenso? Usa la información aquí descrita para persuadir a tu jefe de que te lo dé. Es realmente asombroso el impacto positivo que puede tener en tu vida el ser bueno en la persuasión. Cuando obtienes más de lo que quieres, te da una ventaja en todas las áreas de tu vida.

¡Gracias!

Antes de que te vayas, sólo quería darte las gracias por comprar mi libro.

Podrías haber elegido entre docenas de otros libros sobre el mismo tema, pero te arriesgaste y elegiste este.

Así que, un ENORME agradecimiento a ti por conseguir este libro y por leer hasta el final.

Ahora quería pedirte un pequeño favor. **¿Podría tomarte unos minutos para dejar una reseña de este libro?**

Esta retroalimentación me ayudará a seguir escribiendo el tipo de libros que te ayudarán a obtener los resultados que deseas. Así que si lo disfrutaste, ¡por favor, házmelo saber!

Persuasión

www.ingramcontent.com/pod-product-compliance
Lightning Source LLC
Chambersburg PA
CBHW060032040426
42333CB00042B/2403